# Outfit Planner

Day _____ Weather _____

Day Plans _____

Top(s) _____

Bottom _____

Shoes _____

Accessories _____

Night Plans _____

Top(s) _____

Bottom _____

Shoes _____

Accessories _____

---

Day _____ Weather _____

Day Plans __

Top(s) _____

Bottom ___

Shoes _____

Accessories _____

Night Plans _____

Top(s) _____

Bottom _____

Shoes _____

Accessories _____

---

Day _____ Weather _____

Day Plans _____

Top(s) _____

Bottom _____

Shoes _____

Accessories _____

Night Plans _____

Top(s) _____

Bottom _____

Shoes _____

Accessories _____

---

Day _____ Weather _____

Day Plans _____

Top(s) _____

Bottom _____

Shoes _____

Accessories _____

Night Plans _____

Top(s) _____

Bottom _____

Shoes _____

Accessories _____

# Outfit Planner

Day _____ Weather _____

Day Plans _____

Top(s) _____

Bottom _____

Shoes _____

Accessories _____

Night Plans _____

Top(s) _____

Bottom _____

Shoes _____

Accessories _____

---

Day _____ Weather _____

Day Plans _____

Top(s) _____

Bottom _____

Shoes _____

Accessories _____

Night Plans _____

Top(s) _____

Bottom _____

Shoes _____

Accessories _____

---

Day _____ Weather _____

Day Plans _____

Top(s) _____

Bottom _____

Shoes _____

Accessories _____

Night Plans _____

Top(s) _____

Bottom _____

Shoes _____

Accessories _____

---

Day _____ Weather _____

Day Plans _____

Top(s) _____

Bottom _____

Shoes _____

Accessories _____

Night Plans _____

Top(s) _____

Bottom _____

Shoes _____

Accessories _____

# Outfit Planner

Day _____ Weather _____

Day Plans _____

Top(s) _____

Bottom _____

Shoes _____

Accessories _____

Night Plans _____

Top(s) _____

Bottom _____

Shoes _____

Accessories _____

---

Day _____ Weather _____

Day Plans _____

Top(s) _____

Bottom _____

Shoes _____

Accessories _____

Night Plans _____

Top(s) _____

Bottom _____

Shoes _____

Accessories _____

---

Day _____ Weather _____

Day Plans _____

Top(s) _____

Bottom _____

Shoes _____

Accessories _____

Night Plans _____

Top(s) _____

Bottom _____

Shoes _____

Accessories _____

---

Day _____ Weather _____

Day Plans _____

Top(s) _____

Bottom _____

Shoes _____

Accessories _____

Night Plans _____

Top(s) _____

Bottom _____

Shoes _____

Accessories _____

# Outfit Planner

Day _____ Weather _____

Day Plans _____

Top(s) _____

Bottom _____

Shoes _____

Accessories _____

Night Plans _____

Top(s) _____

Bottom _____

Shoes _____

Accessories _____

---

Day _____ Weather _____

Day Plans _____

Top(s) _____

Bottom _____

Shoes _____

Accessories _____

Night Plans _____

Top(s) _____

Bottom _____

Shoes _____

Accessories _____

---

Day _____ Weather _____

Day Plans _____

Top(s) _____

Bottom _____

Shoes _____

Accessories _____

Night Plans _____

Top(s) _____

Bottom _____

Shoes _____

Accessories _____

---

Day _____ Weather _____

Day Plans _____

Top(s) _____

Bottom _____

Shoes _____

Accessories _____

Night Plans _____

Top(s) _____

Bottom _____

Shoes _____

Accessories _____

# Outfit Planner

Day _____ Weather _____

Day Plans _____

Top (s) _____

Bottom _____

Shoes _____

Accessories _____

Night Plans _____

Top (s) _____

Bottom _____

Shoes _____

Accessories _____

---

Day _____ Weather _____

Day Plans _____

Top (s) _____

Bottom _____

Shoes _____

Accessories _____

Night Plans _____

Top (s) _____

Bottom _____

Shoes _____

Accessories _____

---

Day _____ Weather _____

Day Plans _____

Top (s) _____

Bottom _____

Shoes _____

Accessories _____

Night Plans _____

Top (s) _____

Bottom _____

Shoes _____

Accessories _____

---

Day _____ Weather _____

Day Plans _____

Top (s) _____

Bottom _____

Shoes _____

Accessories _____

Night Plans _____

Top (s) _____

Bottom _____

Shoes _____

Accessories _____

# Outfit Planner

Day _____ Weather _____

Day Plans _____

Top(s) _____

Bottom _____

Shoes _____

Accessories _____

Night Plans _____

Top(s) _____

Bottom _____

Shoes _____

Accessories _____


Day _____ Weather _____

Day Plans _____

Top(s) _____

Bottom _____

Shoes _____

Accessories _____

Night Plans _____

Top(s) _____

Bottom _____

Shoes _____

Accessories _____


Day _____ Weather _____

Day Plans _____

Top(s) _____

Bottom _____

Shoes _____

Accessories _____

Night Plans _____

Top(s) _____

Bottom _____

Shoes _____

Accessories _____


Day _____ Weather _____

Day Plans _____

Top(s) _____

Bottom _____

Shoes _____

Accessories _____

Night Plans _____

Top(s) _____

Bottom _____

Shoes _____

Accessories _____

# Outfit Planner

## Card 1

Day _____ Weather _____

Day Plans _____

Top(s) _____

Bottom _____

Shoes _____

Accessories _____

Night Plans _____

Top(s) _____

Bottom _____

Shoes _____

Accessories _____

## Card 2

Day _____ Weather _____

Day Plans _____

Top(s) _____

Bottom _____

Shoes _____

Accessories _____

Night Plans _____

Top(s) _____

Bottom _____

Shoes _____

Accessories _____

## Card 3

Day _____ Weather _____

Day Plans _____

Top(s) _____

Bottom _____

Shoes _____

Accessories _____

Night Plans _____

Top(s) _____

Bottom _____

Shoes _____

Accessories _____

## Card 4

Day _____ Weather _____

Day Plans _____

Top(s) _____

Bottom _____

Shoes _____

Accessories _____

Night Plans _____

Top(s) _____

Bottom _____

Shoes _____

Accessories _____

# Outfit Planner

Day _____ Weather _____

Day Plans _____

Top(s) _____

Bottom _____

Shoes _____

Accessories _____

Night Plans _____

Top(s) _____

Bottom _____

Shoes _____

Accessories _____

---

Day _____ Weather _____

Day Plans _____

Top(s) _____

Bottom _____

Shoes _____

Accessories _____

Night Plans _____

Top(s) _____

Bottom _____

Shoes _____

Accessories _____

---

Day _____ Weather _____

Day Plans _____

Top(s) _____

Bottom _____

Shoes _____

Accessories _____

Night Plans _____

Top(s) _____

Bottom _____

Shoes _____

Accessories _____

---

Day _____ Weather _____

Day Plans _____

Top(s) _____

Bottom _____

Shoes _____

Accessories _____

Night Plans _____

Top(s) _____

Bottom _____

Shoes _____

Accessories _____

# Outfit Planner

Day _____ Weather _____

Day Plans _____

Top(s) _____

Bottom _____

Shoes _____

Accessories _____

Night Plans _____

Top(s) _____

Bottom _____

Shoes _____

Accessories _____


Day _____ Weather _____

Day Plans _____

Top(s) _____

Bottom _____

Shoes _____

Accessories _____

Night Plans _____

Top(s) _____

Bottom _____

Shoes _____

Accessories _____


Day _____ Weather _____

Day Plans _____

Top(s) _____

Bottom _____

Shoes _____

Accessories _____

Night Plans _____

Top(s) _____

Bottom _____

Shoes _____

Accessories _____


Day _____ Weather _____

Day Plans _____

Top(s) _____

Bottom _____

Shoes _____

Accessories _____

Night Plans _____

Top(s) _____

Bottom _____

Shoes _____

Accessories _____

# Outfit Planner

Day _____ Weather _____

Day Plans _____

Top(s) _____

Bottom _____

Shoes _____

Accessories _____

Night Plans _____

Top(s) _____

Bottom _____

Shoes _____

Accessories _____

Day _____ Weather _____

Day Plans _____

Top(s) _____

Bottom _____

Shoes _____

Accessories _____

Night Plans _____

Top(s) _____

Bottom _____

Shoes _____

Accessories _____

Day _____ Weather _____

Day Plans _____

Top(s) _____

Bottom _____

Shoes _____

Accessories _____

Night Plans _____

Top(s) _____

Bottom _____

Shoes _____

Accessories _____

Day _____ Weather _____

Day Plans _____

Top(s) _____

Bottom _____

Shoes _____

Accessories _____

Night Plans _____

Top(s) _____

Bottom _____

Shoes _____

Accessories _____

# Outfit Planner

Day _____ Weather _____
Day Plans _____
Top (s) _____
Bottom _____
Shoes _____
Accessories _____
Night Plans _____
Top (s) _____
Bottom _____
Shoes _____
Accessories _____

Day _____ Weather _____
Day Plans _____
Top (s) _____
Bottom _____
Shoes _____
Accessories _____
Night Plans _____
Top (s) _____
Bottom _____
Shoes _____
Accessories _____

Day _____ Weather _____
Day Plans _____
Top (s) _____
Bottom _____
Shoes _____
Accessories _____
Night Plans _____
Top (s) _____
Bottom _____
Shoes _____
Accessories _____

Day _____ Weather _____
Day Plans _____
Top (s) _____
Bottom _____
Shoes _____
Accessories _____
Night Plans _____
Top (s) _____
Bottom _____
Shoes _____
Accessories _____

# Outfit Planner

Day _____ Weather _____

Day Plans _____

Top(s) _____

Bottom _____

Shoes _____

Accessories _____

Night Plans _____

Top(s) _____

Bottom _____

Shoes _____

Accessories _____

---

Day _____ Weather _____

Day Plans _____

Top(s) _____

Bottom _____

Shoes _____

Accessories _____

Night Plans _____

Top(s) _____

Bottom _____

Shoes _____

Accessories _____

---

Day _____ Weather _____

Day Plans _____

Top(s) _____

Bottom _____

Shoes _____

Accessories _____

Night Plans _____

Top(s) _____

Bottom _____

Shoes _____

Accessories _____

---

Day _____ Weather _____

Day Plans _____

Top(s) _____

Bottom _____

Shoes _____

Accessories _____

Night Plans _____

Top(s) _____

Bottom _____

Shoes _____

Accessories _____

# Outfit Planner

Day _____ Weather _____

Day Plans _____

Top(s) _____

Bottom _____

Shoes _____

Accessories _____

Night Plans _____

Top(s) _____

Bottom _____

Shoes _____

Accessories _____


Day _____ Weather _____

Day Plans _____

Top(s) _____

Bottom _____

Shoes _____

Accessories _____

Night Plans _____

Top(s) _____

Bottom _____

Shoes _____

Accessories _____


Day _____ Weather _____

Day Plans _____

Top(s) _____

Bottom _____

Shoes _____

Accessories _____

Night Plans _____

Top(s) _____

Bottom _____

Shoes _____

Accessories _____


Day _____ Weather _____

Day Plans _____

Top(s) _____

Bottom _____

Shoes _____

Accessories _____

Night Plans _____

Top(s) _____

Bottom _____

Shoes _____

Accessories _____

# Outfit Planner

Day _____ Weather _____

Day Plans _____

Top(s) _____

Bottom _____

Shoes _____

Accessories _____

Night Plans _____

Top(s) _____

Bottom _____

Shoes _____

Accessories _____

Day _____ Weather _____

Day Plans _____

Top(s) _____

Bottom _____

Shoes _____

Accessories _____

Night Plans _____

Top(s) _____

Bottom _____

Shoes _____

Accessories _____

Day _____ Weather _____

Day Plans _____

Top(s) _____

Bottom _____

Shoes _____

Accessories _____

Night Plans _____

Top(s) _____

Bottom _____

Shoes _____

Accessories _____

Day _____ Weather _____

Day Plans _____

Top(s) _____

Bottom _____

Shoes _____

Accessories _____

Night Plans _____

Top(s) _____

Bottom _____

Shoes _____

Accessories _____

# Outfit Planner

Day _____ Weather _____

Day Plans _____

Top(s) _____

Bottom _____

Shoes _____

Accessories _____

Night Plans _____

Top(s) _____

Bottom _____

Shoes _____

Accessories _____

Day _____ Weather _____

Day Plans _____

Top(s) _____

Bottom _____

Shoes _____

Accessories _____

Night Plans _____

Top(s) _____

Bottom _____

Shoes _____

Accessories _____

Day _____ Weather _____

Day Plans _____

Top(s) _____

Bottom _____

Shoes _____

Accessories _____

Night Plans _____

Top(s) _____

Bottom _____

Shoes _____

Accessories _____

Day _____ Weather _____

Day Plans _____

Top(s) _____

Bottom _____

Shoes _____

Accessories _____

Night Plans _____

Top(s) _____

Bottom _____

Shoes _____

Accessories _____

# Outfit Planner

Day _____ Weather_____

Day Plans _____

Top(s)_____

Bottom _____

Shoes _____

Accessories_____

Night Plans_____

Top(s) _____

Bottom _____

Shoes _____

Accessories _____

---

Day _____ Weather_____

Day Plans _____

Top(s)_____

Bottom _____

Shoes _____

Accessories_____

Night Plans_____

Top(s) _____

Bottom _____

Shoes _____

Accessories _____

---

Day _____ Weather_____

Day Plans _____

Top(s)_____

Bottom _____

Shoes _____

Accessories_____

Night Plans_____

Top(s) _____

Bottom _____

Shoes _____

Accessories _____

---

Day _____ Weather_____

Day Plans _____

Top(s)_____

Bottom _____

Shoes _____

Accessories_____

Night Plans_____

Top(s) _____

Bottom _____

Shoes _____

Accessories _____

# Outfit Planner

Day _____ Weather _____

Day Plans _____

Top(s) _____

Bottom _____

Shoes _____

Accessories _____

Night Plans _____

Top(s) _____

Bottom _____

Shoes _____

Accessories _____

Day _____ Weather _____

Day Plans _____

Top(s) _____

Bottom _____

Shoes _____

Accessories _____

Night Plans _____

Top(s) _____

Bottom _____

Shoes _____

Accessories _____

Day _____ Weather _____

Day Plans _____

Top(s) _____

Bottom _____

Shoes _____

Accessories _____

Night Plans _____

Top(s) _____

Bottom _____

Shoes _____

Accessories _____

Day _____ Weather _____

Day Plans _____

Top(s) _____

Bottom _____

Shoes _____

Accessories _____

Night Plans _____

Top(s) _____

Bottom _____

Shoes _____

Accessories _____

# Outfit Planner

Day _____ Weather _____

Day Plans _____

Top(s) _____

Bottom _____

Shoes _____

Accessories _____

Night Plans _____

Top(s) _____

Bottom _____

Shoes _____

Accessories _____


Day _____ Weather _____

Day Plans _____

Top(s) _____

Bottom _____

Shoes _____

Accessories _____

Night Plans _____

Top(s) _____

Bottom _____

Shoes _____

Accessories _____


Day _____ Weather _____

Day Plans _____

Top(s) _____

Bottom _____

Shoes _____

Accessories _____

Night Plans _____

Top(s) _____

Bottom _____

Shoes _____

Accessories _____


Day _____ Weather _____

Day Plans _____

Top(s) _____

Bottom _____

Shoes _____

Accessories _____

Night Plans _____

Top(s) _____

Bottom _____

Shoes _____

Accessories _____

# Outfit Planner

Day _____ Weather_____

Day Plans _____

Top(s)_____

Bottom _____

Shoes _____

Accessories_____

Night Plans_____

Top(s) _____

Bottom _____

Shoes _____

Accessories _____


Day _____ Weather_____

Day Plans _____

Top(s)_____

Bottom _____

Shoes _____

Accessories_____

Night Plans_____

Top(s) _____

Bottom _____

Shoes _____

Accessories _____


Day _____ Weather_____

Day Plans _____

Top(s)_____

Bottom _____

Shoes _____

Accessories_____

Night Plans_____

Top(s) _____

Bottom _____

Shoes _____

Accessories _____


Day _____ Weather_____

Day Plans _____

Top(s)_____

Bottom _____

Shoes _____

Accessories_____

Night Plans_____

Top(s) _____

Bottom _____

Shoes _____

Accessories _____

# Outfit Planner

Day _____ Weather _____

Day Plans _____

Top(s)_____

Bottom _____

Shoes _____

Accessories_____

Night Plans_____

Top(s) _____

Bottom _____

Shoes _____

Accessories _____

Day _____ Weather _____

Day Plans _____

Top(s)_____

Bottom _____

Shoes _____

Accessories_____

Night Plans_____

Top(s) _____

Bottom _____

Shoes _____

Accessories _____

Day _____ Weather _____

Day Plans _____

Top(s)_____

Bottom _____

Shoes _____

Accessories_____

Night Plans_____

Top(s) _____

Bottom _____

Shoes _____

Accessories _____

Day _____ Weather _____

Day Plans _____

Top(s)_____

Bottom _____

Shoes _____

Accessories_____

Night Plans_____

Top(s) _____

Bottom _____

Shoes _____

Accessories _____

# Outfit Planner

Day _____ Weather_____

Day Plans _____

Top(s)_____

Bottom _____

Shoes _____

Accessories_____

Night Plans_____

Top(s) _____

Bottom _____

Shoes _____

Accessories _____

---

Day _____ Weather_____

Day Plans _____

Top(s)_____

Bottom _____

Shoes _____

Accessories_____

Night Plans_____

Top(s) _____

Bottom _____

Shoes _____

Accessories _____

---

Day _____ Weather_____

Day Plans _____

Top(s)_____

Bottom _____

Shoes _____

Accessories_____

Night Plans_____

Top(s) _____

Bottom _____

Shoes _____

Accessories _____

---

Day _____ Weather_____

Day Plans _____

Top(s)_____

Bottom _____

Shoes _____

Accessories_____

Night Plans_____

Top(s) _____

Bottom _____

Shoes _____

Accessories _____

# Outfit Planner

Day _____ Weather _____

Day Plans _____

Top(s) _____

Bottom _____

Shoes _____

Accessories _____

Night Plans _____

Top(s) _____

Bottom _____

Shoes _____

Accessories _____

Day _____ Weather _____

Day Plans _____

Top(s) _____

Bottom _____

Shoes _____

Accessories _____

Night Plans _____

Top(s) _____

Bottom _____

Shoes _____

Accessories _____

Day _____ Weather _____

Day Plans _____

Top(s) _____

Bottom _____

Shoes _____

Accessories _____

Night Plans _____

Top(s) _____

Bottom _____

Shoes _____

Accessories _____

Day _____ Weather _____

Day Plans _____

Top(s) _____

Bottom _____

Shoes _____

Accessories _____

Night Plans _____

Top(s) _____

Bottom _____

Shoes _____

Accessories _____

# Outfit Planner

Day _____ Weather _____

Day Plans _____

Top(s) _____

Bottom _____

Shoes _____

Accessories _____

Night Plans _____

Top(s) _____

Bottom _____

Shoes _____

Accessories _____

Day _____ Weather _____

Day Plans _____

Top(s) _____

Bottom _____

Shoes _____

Accessories _____

Night Plans _____

Top(s) _____

Bottom _____

Shoes _____

Accessories _____

Day _____ Weather _____

Day Plans _____

Top(s) _____

Bottom _____

Shoes _____

Accessories _____

Night Plans _____

Top(s) _____

Bottom _____

Shoes _____

Accessories _____

Day _____ Weather _____

Day Plans _____

Top(s) _____

Bottom _____

Shoes _____

Accessories _____

Night Plans _____

Top(s) _____

Bottom _____

Shoes _____

Accessories _____

# Outfit Planner

Day _____ Weather _____

Day Plans _____

Top(s)_____

Bottom _____

Shoes _____

Accessories_____

Night Plans_____

Top(s) _____

Bottom _____

Shoes _____

Accessories _____

---

Day _____ Weather _____

Day Plans _____

Top(s)_____

Bottom _____

Shoes _____

Accessories_____

Night Plans_____

Top(s) _____

Bottom _____

Shoes _____

Accessories _____

---

Day _____ Weather _____

Day Plans _____

Top(s)_____

Bottom _____

Shoes _____

Accessories_____

Night Plans_____

Top(s) _____

Bottom _____

Shoes _____

Accessories _____

---

Day _____ Weather _____

Day Plans _____

Top(s)_____

Bottom _____

Shoes _____

Accessories_____

Night Plans_____

Top(s) _____

Bottom _____

Shoes _____

Accessories _____

# Outfit Planner

Day _____  Weather _____

Day Plans _____

Top(s)_____

Bottom _____

Shoes _____

Accessories_____

Night Plans_____

Top(s) _____

Bottom _____

Shoes _____

Accessories _____

---

Day _____  Weather _____

Day Plans _____

Top(s)_____

Bottom _____

Shoes _____

Accessories_____

Night Plans_____

Top(s) _____

Bottom _____

Shoes _____

Accessories _____

---

Day _____  Weather _____

Day Plans _____

Top(s)_____

Bottom _____

Shoes _____

Accessories_____

Night Plans_____

Top(s) _____

Bottom _____

Shoes _____

Accessories _____

---

Day _____  Weather _____

Day Plans _____

Top(s)_____

Bottom _____

Shoes _____

Accessories_____

Night Plans_____

Top(s) _____

Bottom _____

Shoes _____

Accessories _____

# Outfit Planner

**Day** _____ **Weather** _____

**Day Plans** _____

**Top(s)** _____

**Bottom** _____

**Shoes** _____

**Accessories** _____

**Night Plans** _____

**Top(s)** _____

**Bottom** _____

**Shoes** _____

**Accessories** _____

---

**Day** _____ **Weather** _____

**Day Plans** _____

**Top(s)** _____

**Bottom** _____

**Shoes** _____

**Accessories** _____

**Night Plans** _____

**Top(s)** _____

**Bottom** _____

**Shoes** _____

**Accessories** _____

---

**Day** _____ **Weather** _____

**Day Plans** _____

**Top(s)** _____

**Bottom** _____

**Shoes** _____

**Accessories** _____

**Night Plans** _____

**Top(s)** _____

**Bottom** _____

**Shoes** _____

**Accessories** _____

---

**Day** _____ **Weather** _____

**Day Plans** _____

**Top(s)** _____

**Bottom** _____

**Shoes** _____

**Accessories** _____

**Night Plans** _____

**Top(s)** _____

**Bottom** _____

**Shoes** _____

**Accessories** _____

# Outfit Planner

| | |
|---|---|
| Day _____ Weather _____ | Day _____ Weather _____ |
| Day Plans _____ | Day Plans _____ |
| Top (s) _____ | Top (s) _____ |
| Bottom _____ | Bottom _____ |
| Shoes _____ | Shoes _____ |
| Accessories _____ | Accessories _____ |
| Night Plans _____ | Night Plans _____ |
| Top (s) _____ | Top (s) _____ |
| Bottom _____ | Bottom _____ |
| Shoes _____ | Shoes _____ |
| Accessories _____ | Accessories _____ |
| Day _____ Weather _____ | Day _____ Weather _____ |
| Day Plans _____ | Day Plans _____ |
| Top (s) _____ | Top (s) _____ |
| Bottom _____ | Bottom _____ |
| Shoes _____ | Shoes _____ |
| Accessories _____ | Accessories _____ |
| Night Plans _____ | Night Plans _____ |
| Top (s) _____ | Top (s) _____ |
| Bottom _____ | Bottom _____ |
| Shoes _____ | Shoes _____ |
| Accessories _____ | Accessories _____ |

# Outfit Planner

Day _____ Weather _____

Day Plans _____

Top(s) _____

Bottom _____

Shoes _____

Accessories _____

Night Plans _____

Top(s) _____

Bottom _____

Shoes _____

Accessories _____


Day _____ Weather _____

Day Plans _____

Top(s) _____

Bottom _____

Shoes _____

Accessories _____

Night Plans _____

Top(s) _____

Bottom _____

Shoes _____

Accessories _____


Day _____ Weather _____

Day Plans _____

Top(s) _____

Bottom _____

Shoes _____

Accessories _____

Night Plans _____

Top(s) _____

Bottom _____

Shoes _____

Accessories _____


Day _____ Weather _____

Day Plans _____

Top(s) _____

Bottom _____

Shoes _____

Accessories _____

Night Plans _____

Top(s) _____

Bottom _____

Shoes _____

Accessories _____

# Outfit Planner

Day _____ Weather _____

Day Plans _____

Top (s) _____

Bottom _____

Shoes _____

Accessories _____

Night Plans _____

Top (s) _____

Bottom _____

Shoes _____

Accessories _____


Day _____ Weather _____

Day Plans _____

Top (s) _____

Bottom _____

Shoes _____

Accessories _____

Night Plans _____

Top (s) _____

Bottom _____

Shoes _____

Accessories _____


Day _____ Weather _____

Day Plans _____

Top (s) _____

Bottom _____

Shoes _____

Accessories _____

Night Plans _____

Top (s) _____

Bottom _____

Shoes _____

Accessories _____


Day _____ Weather _____

Day Plans _____

Top (s) _____

Bottom _____

Shoes _____

Accessories _____

Night Plans _____

Top (s) _____

Bottom _____

Shoes _____

Accessories _____

# Outfit Planner

Day _____  Weather _____

Day Plans _____

Top(s)_____

Bottom _____

Shoes _____

Accessories_____

Night Plans_____

Top(s) _____

Bottom _____

Shoes _____

Accessories _____


Day _____  Weather _____

Day Plans _____

Top(s)_____

Bottom _____

Shoes _____

Accessories_____

Night Plans_____

Top(s) _____

Bottom _____

Shoes _____

Accessories _____


Day _____  Weather _____

Day Plans _____

Top(s)_____

Bottom _____

Shoes _____

Accessories_____

Night Plans_____

Top(s) _____

Bottom _____

Shoes _____

Accessories _____


Day _____  Weather _____

Day Plans _____

Top(s)_____

Bottom _____

Shoes _____

Accessories_____

Night Plans_____

Top(s) _____

Bottom _____

Shoes _____

Accessories _____

# Outfit Planner

Day _____ Weather _____

Day Plans _____

Top(s) _____

Bottom _____

Shoes _____

Accessories _____

Night Plans _____

Top(s) _____

Bottom _____

Shoes _____

Accessories _____


Day _____ Weather _____

Day Plans _____

Top(s) _____

Bottom _____

Shoes _____

Accessories _____

Night Plans _____

Top(s) _____

Bottom _____

Shoes _____

Accessories _____


Day _____ Weather _____

Day Plans _____

Top(s) _____

Bottom _____

Shoes _____

Accessories _____

Night Plans _____

Top(s) _____

Bottom _____

Shoes _____

Accessories _____


Day _____ Weather _____

Day Plans _____

Top(s) _____

Bottom _____

Shoes _____

Accessories _____

Night Plans _____

Top(s) _____

Bottom _____

Shoes _____

Accessories _____

# Outfit Planner

Day _____ Weather _____

Day Plans _____

Top (s)_____

Bottom _____

Shoes _____

Accessories_____

Night Plans_____

Top (s) _____

Bottom _____

Shoes _____

Accessories _____

Day _____ Weather _____

Day Plans _____

Top (s)_____

Bottom _____

Shoes _____

Accessories_____

Night Plans_____

Top (s) _____

Bottom _____

Shoes _____

Accessories _____

Day _____ Weather _____

Day Plans _____

Top (s)_____

Bottom _____

Shoes _____

Accessories_____

Night Plans_____

Top (s) _____

Bottom _____

Shoes _____

Accessories _____

Day _____ Weather _____

Day Plans _____

Top (s)_____

Bottom _____

Shoes _____

Accessories_____

Night Plans_____

Top (s) _____

Bottom _____

Shoes _____

Accessories _____

# Outfit Planner

Day _____ Weather _____

Day Plans _____

Top(s) _____

Bottom _____

Shoes _____

Accessories _____

Night Plans _____

Top(s) _____

Bottom _____

Shoes _____

Accessories _____


Day _____ Weather _____

Day Plans _____

Top(s) _____

Bottom _____

Shoes _____

Accessories _____

Night Plans _____

Top(s) _____

Bottom _____

Shoes _____

Accessories _____


Day _____ Weather _____

Day Plans _____

Top(s) _____

Bottom _____

Shoes _____

Accessories _____

Night Plans _____

Top(s) _____

Bottom _____

Shoes _____

Accessories _____


Day _____ Weather _____

Day Plans _____

Top(s) _____

Bottom _____

Shoes _____

Accessories _____

Night Plans _____

Top(s) _____

Bottom _____

Shoes _____

Accessories _____

# Outfit Planner

### Card 1

Day _____ Weather _____

Day Plans _____

Top(s) _____

Bottom _____

Shoes _____

Accessories _____

Night Plans _____

Top(s) _____

Bottom _____

Shoes _____

Accessories _____

### Card 2

Day _____ Weather _____

Day Plans _____

Top(s) _____

Bottom _____

Shoes _____

Accessories _____

Night Plans _____

Top(s) _____

Bottom _____

Shoes _____

Accessories _____

### Card 3

Day _____ Weather _____

Day Plans _____

Top(s) _____

Bottom _____

Shoes _____

Accessories _____

Night Plans _____

Top(s) _____

Bottom _____

Shoes _____

Accessories _____

### Card 4

Day _____ Weather _____

Day Plans _____

Top(s) _____

Bottom _____

Shoes _____

Accessories _____

Night Plans _____

Top(s) _____

Bottom _____

Shoes _____

Accessories _____

# Outfit Planner

Day _____ Weather _____

Day Plans _____

Top(s) _____

Bottom _____

Shoes _____

Accessories _____

Night Plans _____

Top(s) _____

Bottom _____

Shoes _____

Accessories _____

Day _____ Weather _____

Day Plans _____

Top(s) _____

Bottom _____

Shoes _____

Accessories _____

Night Plans _____

Top(s) _____

Bottom _____

Shoes _____

Accessories _____

Day _____ Weather _____

Day Plans _____

Top(s) _____

Bottom _____

Shoes _____

Accessories _____

Night Plans _____

Top(s) _____

Bottom _____

Shoes _____

Accessories _____

Day _____ Weather _____

Day Plans _____

Top(s) _____

Bottom _____

Shoes _____

Accessories _____

Night Plans _____

Top(s) _____

Bottom _____

Shoes _____

Accessories _____

# Outfit Planner

Day _____  Weather _____

Day Plans _____

Top(s) _____

Bottom _____

Shoes _____

Accessories _____

Night Plans _____

Top(s) _____

Bottom _____

Shoes _____

Accessories _____


Day _____  Weather _____

Day Plans _____

Top(s) _____

Bottom _____

Shoes _____

Accessories _____

Night Plans _____

Top(s) _____

Bottom _____

Shoes _____

Accessories _____


Day _____  Weather _____

Day Plans _____

Top(s) _____

Bottom _____

Shoes _____

Accessories _____

Night Plans _____

Top(s) _____

Bottom _____

Shoes _____

Accessories _____


Day _____  Weather _____

Day Plans _____

Top(s) _____

Bottom _____

Shoes _____

Accessories _____

Night Plans _____

Top(s) _____

Bottom _____

Shoes _____

Accessories _____

# Outfit Planner

Day _____ Weather _____

Day Plans _____

Top(s) _____

Bottom _____

Shoes _____

Accessories _____

Night Plans _____

Top(s) _____

Bottom _____

Shoes _____

Accessories _____

---

Day _____ Weather _____

Day Plans _____

Top(s) _____

Bottom _____

Shoes _____

Accessories _____

Night Plans _____

Top(s) _____

Bottom _____

Shoes _____

Accessories _____

---

Day _____ Weather _____

Day Plans _____

Top(s) _____

Bottom _____

Shoes _____

Accessories _____

Night Plans _____

Top(s) _____

Bottom _____

Shoes _____

Accessories _____

---

Day _____ Weather _____

Day Plans _____

Top(s) _____

Bottom _____

Shoes _____

Accessories _____

Night Plans _____

Top(s) _____

Bottom _____

Shoes _____

Accessories _____

# Outfit Planner

Day _____ Weather _____

Day Plans _____

Top(s) _____

Bottom _____

Shoes _____

Accessories _____

Night Plans _____

Top(s) _____

Bottom _____

Shoes _____

Accessories _____

---

Day _____ Weather _____

Day Plans _____

Top(s) _____

Bottom _____

Shoes _____

Accessories _____

Night Plans _____

Top(s) _____

Bottom _____

Shoes _____

Accessories _____

---

Day _____ Weather _____

Day Plans _____

Top(s) _____

Bottom _____

Shoes _____

Accessories _____

Night Plans _____

Top(s) _____

Bottom _____

Shoes _____

Accessories _____

---

Day _____ Weather _____

Day Plans _____

Top(s) _____

Bottom _____

Shoes _____

Accessories _____

Night Plans _____

Top(s) _____

Bottom _____

Shoes _____

Accessories _____

# Outfit Planner

Day _____ Weather _____

Day Plans _____

Top(s)_____

Bottom _____

Shoes _____

Accessories_____

Night Plans_____

Top(s) _____

Bottom _____

Shoes _____

Accessories _____

Day _____ Weather _____

Day Plans _____

Top(s)_____

Bottom _____

Shoes _____

Accessories_____

Night Plans_____

Top(s) _____

Bottom _____

Shoes _____

Accessories _____

Day _____ Weather _____

Day Plans _____

Top(s)_____

Bottom _____

Shoes _____

Accessories_____

Night Plans_____

Top(s) _____

Bottom _____

Shoes _____

Accessories _____

Day _____ Weather _____

Day Plans _____

Top(s)_____

Bottom _____

Shoes _____

Accessories_____

Night Plans_____

Top(s) _____

Bottom _____

Shoes _____

Accessories _____

# Outfit Planner

Day _____ Weather _____

Day Plans _____

Top(s)_____

Bottom _____

Shoes _____

Accessories_____

Night Plans_____

Top(s) _____

Bottom _____

Shoes _____

Accessories _____

Day _____ Weather _____

Day Plans _____

Top(s)_____

Bottom _____

Shoes _____

Accessories_____

Night Plans_____

Top(s) _____

Bottom _____

Shoes _____

Accessories _____

Day _____ Weather _____

Day Plans _____

Top(s)_____

Bottom _____

Shoes _____

Accessories_____

Night Plans_____

Top(s) _____

Bottom _____

Shoes _____

Accessories _____

Day _____ Weather _____

Day Plans _____

Top(s)_____

Bottom _____

Shoes _____

Accessories_____

Night Plans_____

Top(s) _____

Bottom _____

Shoes _____

Accessories _____

# Outfit Planner

Day _____ Weather _____

Day Plans _____

Top (s) _____

Bottom _____

Shoes _____

Accessories _____

Night Plans _____

Top (s) _____

Bottom _____

Shoes _____

Accessories _____

Day _____ Weather _____

Day Plans _____

Top (s) _____

Bottom _____

Shoes _____

Accessories _____

Night Plans _____

Top (s) _____

Bottom _____

Shoes _____

Accessories _____

Day _____ Weather _____

Day Plans _____

Top (s) _____

Bottom _____

Shoes _____

Accessories _____

Night Plans _____

Top (s) _____

Bottom _____

Shoes _____

Accessories _____

Day _____ Weather _____

Day Plans _____

Top (s) _____

Bottom _____

Shoes _____

Accessories _____

Night Plans _____

Top (s) _____

Bottom _____

Shoes _____

Accessories _____

# Outfit Planner

Day _____ Weather _____

Day Plans _____

Top(s)_____

Bottom _____

Shoes _____

Accessories_____

Night Plans_____

Top(s) _____

Bottom _____

Shoes _____

Accessories _____


Day _____ Weather _____

Day Plans _____

Top(s)_____

Bottom _____

Shoes _____

Accessories_____

Night Plans_____

Top(s) _____

Bottom _____

Shoes _____

Accessories _____


Day _____ Weather _____

Day Plans _____

Top(s)_____

Bottom _____

Shoes _____

Accessories_____

Night Plans_____

Top(s) _____

Bottom _____

Shoes _____

Accessories _____


Day _____ Weather _____

Day Plans _____

Top(s)_____

Bottom _____

Shoes _____

Accessories_____

Night Plans_____

Top(s) _____

Bottom _____

Shoes _____

Accessories _____

# Outfit Planner

Day _____ Weather _____

Day Plans _____

Top(s) _____

Bottom _____

Shoes _____

Accessories _____

Night Plans _____

Top(s) _____

Bottom _____

Shoes _____

Accessories _____


Day _____ Weather _____

Day Plans _____

Top(s) _____

Bottom _____

Shoes _____

Accessories _____

Night Plans _____

Top(s) _____

Bottom _____

Shoes _____

Accessories _____


Day _____ Weather _____

Day Plans _____

Top(s) _____

Bottom _____

Shoes _____

Accessories _____

Night Plans _____

Top(s) _____

Bottom _____

Shoes _____

Accessories _____


Day _____ Weather _____

Day Plans _____

Top(s) _____

Bottom _____

Shoes _____

Accessories _____

Night Plans _____

Top(s) _____

Bottom _____

Shoes _____

Accessories _____

# Outfit Planner

Day _____ Weather _____

Day Plans _____

Top(s) _____

Bottom _____

Shoes _____

Accessories _____

Night Plans _____

Top(s) _____

Bottom _____

Shoes _____

Accessories _____

Day _____ Weather _____

Day Plans _____

Top(s) _____

Bottom _____

Shoes _____

Accessories _____

Night Plans _____

Top(s) _____

Bottom _____

Shoes _____

Accessories _____

Day _____ Weather _____

Day Plans _____

Top(s) _____

Bottom _____

Shoes _____

Accessories _____

Night Plans _____

Top(s) _____

Bottom _____

Shoes _____

Accessories _____

Day _____ Weather _____

Day Plans _____

Top(s) _____

Bottom _____

Shoes _____

Accessories _____

Night Plans _____

Top(s) _____

Bottom _____

Shoes _____

Accessories _____

# Outfit Planner

Day _____ Weather _____

Day Plans _____

Top(s) _____

Bottom _____

Shoes _____

Accessories _____

Night Plans _____

Top(s) _____

Bottom _____

Shoes _____

Accessories _____

---

Day _____ Weather _____

Day Plans _____

Top(s) _____

Bottom _____

Shoes _____

Accessories _____

Night Plans _____

Top(s) _____

Bottom _____

Shoes _____

Accessories _____

---

Day _____ Weather _____

Day Plans _____

Top(s) _____

Bottom _____

Shoes _____

Accessories _____

Night Plans _____

Top(s) _____

Bottom _____

Shoes _____

Accessories _____

---

Day _____ Weather _____

Day Plans _____

Top(s) _____

Bottom _____

Shoes _____

Accessories _____

Night Plans _____

Top(s) _____

Bottom _____

Shoes _____

Accessories _____

# Outfit Planner

Day _____ Weather _____

Day Plans _____

Top(s) _____

Bottom _____

Shoes _____

Accessories _____

Night Plans _____

Top(s) _____

Bottom _____

Shoes _____

Accessories _____


Day _____ Weather _____

Day Plans _____

Top(s) _____

Bottom _____

Shoes _____

Accessories _____

Night Plans _____

Top(s) _____

Bottom _____

Shoes _____

Accessories _____


Day _____ Weather _____

Day Plans _____

Top(s) _____

Bottom _____

Shoes _____

Accessories _____

Night Plans _____

Top(s) _____

Bottom _____

Shoes _____

Accessories _____


Day _____ Weather _____

Day Plans _____

Top(s) _____

Bottom _____

Shoes _____

Accessories _____

Night Plans _____

Top(s) _____

Bottom _____

Shoes _____

Accessories _____

# Outfit Planner

Day _____ Weather _____

Day Plans _____

Top (s) _____

Bottom _____

Shoes _____

Accessories _____

Night Plans _____

Top (s) _____

Bottom _____

Shoes _____

Accessories _____

Day _____ Weather _____

Day Plans _____

Top (s) _____

Bottom _____

Shoes _____

Accessories _____

Night Plans _____

Top (s) _____

Bottom _____

Shoes _____

Accessories _____

Day _____ Weather _____

Day Plans _____

Top (s) _____

Bottom _____

Shoes _____

Accessories _____

Night Plans _____

Top (s) _____

Bottom _____

Shoes _____

Accessories _____

Day _____ Weather _____

Day Plans _____

Top (s) _____

Bottom _____

Shoes _____

Accessories _____

Night Plans _____

Top (s) _____

Bottom _____

Shoes _____

Accessories _____

# Outfit Planner

Day _____ Weather _____

Day Plans _____

Top (s) _____

Bottom _____

Shoes _____

Accessories _____

Night Plans _____

Top (s) _____

Bottom _____

Shoes _____

Accessories _____

---

Day _____ Weather _____

Day Plans _____

Top (s) _____

Bottom _____

Shoes _____

Accessories _____

Night Plans _____

Top (s) _____

Bottom _____

Shoes _____

Accessories _____

---

Day _____ Weather _____

Day Plans _____

Top (s) _____

Bottom _____

Shoes _____

Accessories _____

Night Plans _____

Top (s) _____

Bottom _____

Shoes _____

Accessories _____

---

Day _____ Weather _____

Day Plans _____

Top (s) _____

Bottom _____

Shoes _____

Accessories _____

Night Plans _____

Top (s) _____

Bottom _____

Shoes _____

Accessories _____

# Outfit Planner

Day _____ Weather _____

Day Plans _____

Top(s) _____

Bottom _____

Shoes _____

Accessories _____

Night Plans _____

Top(s) _____

Bottom _____

Shoes _____

Accessories _____

Day _____ Weather _____

Day Plans _____

Top(s) _____

Bottom _____

Shoes _____

Accessories _____

Night Plans _____

Top(s) _____

Bottom _____

Shoes _____

Accessories _____

Day _____ Weather _____

Day Plans _____

Top(s) _____

Bottom _____

Shoes _____

Accessories _____

Night Plans _____

Top(s) _____

Bottom _____

Shoes _____

Accessories _____

Day _____ Weather _____

Day Plans _____

Top(s) _____

Bottom _____

Shoes _____

Accessories _____

Night Plans _____

Top(s) _____

Bottom _____

Shoes _____

Accessories _____

# Outfit Planner

Day _____ Weather _____

Day Plans _____

Top(s)_____

Bottom _____

Shoes _____

Accessories_____

Night Plans_____

Top(s) _____

Bottom _____

Shoes _____

Accessories _____

Day _____ Weather _____

Day Plans _____

Top(s)_____

Bottom _____

Shoes _____

Accessories_____

Night Plans_____

Top(s) _____

Bottom _____

Shoes _____

Accessories _____

Day _____ Weather _____

Day Plans _____

Top(s)_____

Bottom _____

Shoes _____

Accessories_____

Night Plans_____

Top(s) _____

Bottom _____

Shoes _____

Accessories _____

Day _____ Weather _____

Day Plans _____

Top(s)_____

Bottom _____

Shoes _____

Accessories_____

Night Plans_____

Top(s) _____

Bottom _____

Shoes _____

Accessories _____

# Outfit Planner

Day _____ Weather _____

Day Plans _____

Top (s) _____

Bottom _____

Shoes _____

Accessories _____

Night Plans _____

Top (s) _____

Bottom _____

Shoes _____

Accessories _____

Day _____ Weather _____

Day Plans _____

Top (s) _____

Bottom _____

Shoes _____

Accessories _____

Night Plans _____

Top (s) _____

Bottom _____

Shoes _____

Accessories _____

Day _____ Weather _____

Day Plans _____

Top (s) _____

Bottom _____

Shoes _____

Accessories _____

Night Plans _____

Top (s) _____

Bottom _____

Shoes _____

Accessories _____

Day _____ Weather _____

Day Plans _____

Top (s) _____

Bottom _____

Shoes _____

Accessories _____

Night Plans _____

Top (s) _____

Bottom _____

Shoes _____

Accessories _____

# Outfit Planner

Day _____ Weather _____

Day Plans _____

Top(s) _____

Bottom _____

Shoes _____

Accessories _____

Night Plans _____

Top(s) _____

Bottom _____

Shoes _____

Accessories _____


Day _____ Weather _____

Day Plans _____

Top(s) _____

Bottom _____

Shoes _____

Accessories _____

Night Plans _____

Top(s) _____

Bottom _____

Shoes _____

Accessories _____


Day _____ Weather _____

Day Plans _____

Top(s) _____

Bottom _____

Shoes _____

Accessories _____

Night Plans _____

Top(s) _____

Bottom _____

Shoes _____

Accessories _____


Day _____ Weather _____

Day Plans _____

Top(s) _____

Bottom _____

Shoes _____

Accessories _____

Night Plans _____

Top(s) _____

Bottom _____

Shoes _____

Accessories _____

# Outfit Planner

Day _____ Weather_____

Day Plans _____

Top (s)_____

Bottom _____

Shoes _____

Accessories_____

Night Plans_____

Top (s) _____

Bottom _____

Shoes _____

Accessories _____

---

Day _____ Weather_____

Day Plans _____

Top (s)_____

Bottom _____

Shoes _____

Accessories_____

Night Plans_____

Top (s) _____

Bottom _____

Shoes _____

Accessories _____

---

Day _____ Weather_____

Day Plans _____

Top (s)_____

Bottom _____

Shoes _____

Accessories_____

Night Plans_____

Top (s) _____

Bottom _____

Shoes _____

Accessories _____

---

Day _____ Weather_____

Day Plans _____

Top (s)_____

Bottom _____

Shoes _____

Accessories_____

Night Plans_____

Top (s) _____

Bottom _____

Shoes _____

Accessories _____

# Outfit Planner

Day _____ Weather _____

Day Plans _____

Top(s) _____

Bottom _____

Shoes _____

Accessories _____

Night Plans _____

Top(s) _____

Bottom _____

Shoes _____

Accessories _____

Day _____ Weather _____

Day Plans _____

Top(s) _____

Bottom _____

Shoes _____

Accessories _____

Night Plans _____

Top(s) _____

Bottom _____

Shoes _____

Accessories _____

Day _____ Weather _____

Day Plans _____

Top(s) _____

Bottom _____

Shoes _____

Accessories _____

Night Plans _____

Top(s) _____

Bottom _____

Shoes _____

Accessories _____

Day _____ Weather _____

Day Plans _____

Top(s) _____

Bottom _____

Shoes _____

Accessories _____

Night Plans _____

Top(s) _____

Bottom _____

Shoes _____

Accessories _____

# Outfit Planner

Day _____ Weather _____

Day Plans _____

Top (s) _____

Bottom _____

Shoes _____

Accessories _____

Night Plans _____

Top (s) _____

Bottom _____

Shoes _____

Accessories _____

---

Day _____ Weather _____

Day Plans _____

Top (s) _____

Bottom _____

Shoes _____

Accessories _____

Night Plans _____

Top (s) _____

Bottom _____

Shoes _____

Accessories _____

---

Day _____ Weather _____

Day Plans _____

Top (s) _____

Bottom _____

Shoes _____

Accessories _____

Night Plans _____

Top (s) _____

Bottom _____

Shoes _____

Accessories _____

---

Day _____ Weather _____

Day Plans _____

Top (s) _____

Bottom _____

Shoes _____

Accessories _____

Night Plans _____

Top (s) _____

Bottom _____

Shoes _____

Accessories _____

# Outfit Planner

Day _____ Weather _____

Day Plans _____

Top(s) _____

Bottom _____

Shoes _____

Accessories _____

Night Plans _____

Top(s) _____

Bottom _____

Shoes _____

Accessories _____


Day _____ Weather _____

Day Plans _____

Top(s) _____

Bottom _____

Shoes _____

Accessories _____

Night Plans _____

Top(s) _____

Bottom _____

Shoes _____

Accessories _____


Day _____ Weather _____

Day Plans _____

Top(s) _____

Bottom _____

Shoes _____

Accessories _____

Night Plans _____

Top(s) _____

Bottom _____

Shoes _____

Accessories _____


Day _____ Weather _____

Day Plans _____

Top(s) _____

Bottom _____

Shoes _____

Accessories _____

Night Plans _____

Top(s) _____

Bottom _____

Shoes _____

Accessories _____

# Outfit Planner

Day _____ Weather _____

Day Plans _____

Top(s) _____

Bottom _____

Shoes _____

Accessories _____

Night Plans _____

Top(s) _____

Bottom _____

Shoes _____

Accessories _____


Day _____ Weather _____

Day Plans _____

Top(s) _____

Bottom _____

Shoes _____

Accessories _____

Night Plans _____

Top(s) _____

Bottom _____

Shoes _____

Accessories _____


Day _____ Weather _____

Day Plans _____

Top(s) _____

Bottom _____

Shoes _____

Accessories _____

Night Plans _____

Top(s) _____

Bottom _____

Shoes _____

Accessories _____


Day _____ Weather _____

Day Plans _____

Top(s) _____

Bottom _____

Shoes _____

Accessories _____

Night Plans _____

Top(s) _____

Bottom _____

Shoes _____

Accessories _____

# Outfit Planner

Day _____ Weather _____

Day Plans _____

Top(s) _____

Bottom _____

Shoes _____

Accessories _____

Night Plans _____

Top(s) _____

Bottom _____

Shoes _____

Accessories _____

---

Day _____ Weather _____

Day Plans _____

Top(s) _____

Bottom _____

Shoes _____

Accessories _____

Night Plans _____

Top(s) _____

Bottom _____

Shoes _____

Accessories _____

---

Day _____ Weather _____

Day Plans _____

Top(s) _____

Bottom _____

Shoes _____

Accessories _____

Night Plans _____

Top(s) _____

Bottom _____

Shoes _____

Accessories _____

---

Day _____ Weather _____

Day Plans _____

Top(s) _____

Bottom _____

Shoes _____

Accessories _____

Night Plans _____

Top(s) _____

Bottom _____

Shoes _____

Accessories _____

# Outfit Planner

Day _____ Weather _____

Day Plans _____

Top (s) _____

Bottom _____

Shoes _____

Accessories _____

Night Plans _____

Top (s) _____

Bottom _____

Shoes _____

Accessories _____


Day _____ Weather _____

Day Plans _____

Top (s) _____

Bottom _____

Shoes _____

Accessories _____

Night Plans _____

Top (s) _____

Bottom _____

Shoes _____

Accessories _____


Day _____ Weather _____

Day Plans _____

Top (s) _____

Bottom _____

Shoes _____

Accessories _____

Night Plans _____

Top (s) _____

Bottom _____

Shoes _____

Accessories _____


Day _____ Weather _____

Day Plans _____

Top (s) _____

Bottom _____

Shoes _____

Accessories _____

Night Plans _____

Top (s) _____

Bottom _____

Shoes _____

Accessories _____

# Outfit Planner

Day _____ Weather _____

Day Plans _____

Top (s) _____

Bottom _____

Shoes _____

Accessories _____

Night Plans _____

Top (s) _____

Bottom _____

Shoes _____

Accessories _____

---

Day _____ Weather _____

Day Plans _____

Top (s) _____

Bottom _____

Shoes _____

Accessories _____

Night Plans _____

Top (s) _____

Bottom _____

Shoes _____

Accessories _____

---

Day _____ Weather _____

Day Plans _____

Top (s) _____

Bottom _____

Shoes _____

Accessories _____

Night Plans _____

Top (s) _____

Bottom _____

Shoes _____

Accessories _____

---

Day _____ Weather _____

Day Plans _____

Top (s) _____

Bottom _____

Shoes _____

Accessories _____

Night Plans _____

Top (s) _____

Bottom _____

Shoes _____

Accessories _____

# Outfit Planner

Day _____ Weather _____

Day Plans _____

Top(s) _____

Bottom _____

Shoes _____

Accessories _____

Night Plans _____

Top(s) _____

Bottom _____

Shoes _____

Accessories _____

Day _____ Weather _____

Day Plans _____

Top(s) _____

Bottom _____

Shoes _____

Accessories _____

Night Plans _____

Top(s) _____

Bottom _____

Shoes _____

Accessories _____

Day _____ Weather _____

Day Plans _____

Top(s) _____

Bottom _____

Shoes _____

Accessories _____

Night Plans _____

Top(s) _____

Bottom _____

Shoes _____

Accessories _____

Day _____ Weather _____

Day Plans _____

Top(s) _____

Bottom _____

Shoes _____

Accessories _____

Night Plans _____

Top(s) _____

Bottom _____

Shoes _____

Accessories _____

# Outfit Planner

Day _____ Weather _____
Day Plans _____
Top(s) _____
Bottom _____
Shoes _____
Accessories _____
Night Plans _____
Top(s) _____
Bottom _____
Shoes _____
Accessories _____

Day _____ Weather _____
Day Plans _____
Top(s) _____
Bottom _____
Shoes _____
Accessories _____
Night Plans _____
Top(s) _____
Bottom _____
Shoes _____
Accessories _____

Day _____ Weather _____
Day Plans _____
Top(s) _____
Bottom _____
Shoes _____
Accessories _____
Night Plans _____
Top(s) _____
Bottom _____
Shoes _____
Accessories _____

Day _____ Weather _____
Day Plans _____
Top(s) _____
Bottom _____
Shoes _____
Accessories _____
Night Plans _____
Top(s) _____
Bottom _____
Shoes _____
Accessories _____

# Outfit Planner

Day _____ Weather _____

Day Plans _____

Top(s) _____

Bottom _____

Shoes _____

Accessories _____

Night Plans _____

Top(s) _____

Bottom _____

Shoes _____

Accessories _____


Day _____ Weather _____

Day Plans _____

Top(s) _____

Bottom _____

Shoes _____

Accessories _____

Night Plans _____

Top(s) _____

Bottom _____

Shoes _____

Accessories _____


Day _____ Weather _____

Day Plans _____

Top(s) _____

Bottom _____

Shoes _____

Accessories _____

Night Plans _____

Top(s) _____

Bottom _____

Shoes _____

Accessories _____


Day _____ Weather _____

Day Plans _____

Top(s) _____

Bottom _____

Shoes _____

Accessories _____

Night Plans _____

Top(s) _____

Bottom _____

Shoes _____

Accessories _____

# Outfit Planner

Day _____  Weather _____

Day Plans _____

Top(s) _____

Bottom _____

Shoes _____

Accessories _____

Night Plans _____

Top(s) _____

Bottom _____

Shoes _____

Accessories _____

Day _____  Weather _____

Day Plans _____

Top(s) _____

Bottom _____

Shoes _____

Accessories _____

Night Plans _____

Top(s) _____

Bottom _____

Shoes _____

Accessories _____

Day _____  Weather _____

Day Plans _____

Top(s) _____

Bottom _____

Shoes _____

Accessories _____

Night Plans _____

Top(s) _____

Bottom _____

Shoes _____

Accessories _____

Day _____  Weather _____

Day Plans _____

Top(s) _____

Bottom _____

Shoes _____

Accessories _____

Night Plans _____

Top(s) _____

Bottom _____

Shoes _____

Accessories _____

# Outfit Planner

Day _____ Weather _____

Day Plans _____

Top(s) _____

Bottom _____

Shoes _____

Accessories _____

Night Plans _____

Top(s) _____

Bottom _____

Shoes _____

Accessories _____


Day _____ Weather _____

Day Plans _____

Top(s) _____

Bottom _____

Shoes _____

Accessories _____

Night Plans _____

Top(s) _____

Bottom _____

Shoes _____

Accessories _____


Day _____ Weather _____

Day Plans _____

Top(s) _____

Bottom _____

Shoes _____

Accessories _____

Night Plans _____

Top(s) _____

Bottom _____

Shoes _____

Accessories _____


Day _____ Weather _____

Day Plans _____

Top(s) _____

Bottom _____

Shoes _____

Accessories _____

Night Plans _____

Top(s) _____

Bottom _____

Shoes _____

Accessories _____

# Outfit Planner

| | |
|---|---|
| Day _____ Weather _____ | Day _____ Weather _____ |
| Day Plans _____ | Day Plans _____ |
| Top(s) _____ | Top(s) _____ |
| Bottom _____ | Bottom _____ |
| Shoes _____ | Shoes _____ |
| Accessories _____ | Accessories _____ |
| Night Plans _____ | Night Plans _____ |
| Top(s) _____ | Top(s) _____ |
| Bottom _____ | Bottom _____ |
| Shoes _____ | Shoes _____ |
| Accessories _____ | Accessories _____ |
| Day _____ Weather _____ | Day _____ Weather _____ |
| Day Plans _____ | Day Plans _____ |
| Top(s) _____ | Top(s) _____ |
| Bottom _____ | Bottom _____ |
| Shoes _____ | Shoes _____ |
| Accessories _____ | Accessories _____ |
| Night Plans _____ | Night Plans _____ |
| Top(s) _____ | Top(s) _____ |
| Bottom _____ | Bottom _____ |
| Shoes _____ | Shoes _____ |
| Accessories _____ | Accessories _____ |

# Outfit Planner

Day _____ Weather _____

Day Plans _____

Top(s) _____

Bottom _____

Shoes _____

Accessories _____

Night Plans _____

Top(s) _____

Bottom _____

Shoes _____

Accessories _____

---

Day _____ Weather _____

Day Plans _____

Top(s) _____

Bottom _____

Shoes _____

Accessories _____

Night Plans _____

Top(s) _____

Bottom _____

Shoes _____

Accessories _____

---

Day _____ Weather _____

Day Plans _____

Top(s) _____

Bottom _____

Shoes _____

Accessories _____

Night Plans _____

Top(s) _____

Bottom _____

Shoes _____

Accessories _____

---

Day _____ Weather _____

Day Plans _____

Top(s) _____

Bottom _____

Shoes _____

Accessories _____

Night Plans _____

Top(s) _____

Bottom _____

Shoes _____

Accessories _____

# Outfit Planner

Day _____ Weather _____
Day Plans _____
Top (s) _____
Bottom _____
Shoes _____
Accessories _____
Night Plans _____
Top (s) _____
Bottom _____
Shoes _____
Accessories _____

Day _____ Weather _____
Day Plans _____
Top (s) _____
Bottom _____
Shoes _____
Accessories _____
Night Plans _____
Top (s) _____
Bottom _____
Shoes _____
Accessories _____

Day _____ Weather _____
Day Plans _____
Top (s) _____
Bottom _____
Shoes _____
Accessories _____
Night Plans _____
Top (s) _____
Bottom _____
Shoes _____
Accessories _____

Day _____ Weather _____
Day Plans _____
Top (s) _____
Bottom _____
Shoes _____
Accessories _____
Night Plans _____
Top (s) _____
Bottom _____
Shoes _____
Accessories _____

# Outfit Planner

Day _____ Weather _____

Day Plans _____

Top(s) _____

Bottom _____

Shoes _____

Accessories _____

Night Plans _____

Top(s) _____

Bottom _____

Shoes _____

Accessories _____


Day _____ Weather _____

Day Plans _____

Top(s) _____

Bottom _____

Shoes _____

Accessories _____

Night Plans _____

Top(s) _____

Bottom _____

Shoes _____

Accessories _____


Day _____ Weather _____

Day Plans _____

Top(s) _____

Bottom _____

Shoes _____

Accessories _____

Night Plans _____

Top(s) _____

Bottom _____

Shoes _____

Accessories _____


Day _____ Weather _____

Day Plans _____

Top(s) _____

Bottom _____

Shoes _____

Accessories _____

Night Plans _____

Top(s) _____

Bottom _____

Shoes _____

Accessories _____

# Outfit Planner

Day _____ Weather _____

Day Plans _____

Top(s) _____

Bottom _____

Shoes _____

Accessories _____

Night Plans _____

Top(s) _____

Bottom _____

Shoes _____

Accessories _____

---

Day _____ Weather _____

Day Plans _____

Top(s) _____

Bottom _____

Shoes _____

Accessories _____

Night Plans _____

Top(s) _____

Bottom _____

Shoes _____

Accessories _____

---

Day _____ Weather _____

Day Plans _____

Top(s) _____

Bottom _____

Shoes _____

Accessories _____

Night Plans _____

Top(s) _____

Bottom _____

Shoes _____

Accessories _____

---

Day _____ Weather _____

Day Plans _____

Top(s) _____

Bottom _____

Shoes _____

Accessories _____

Night Plans _____

Top(s) _____

Bottom _____

Shoes _____

Accessories _____

# Outfit Planner

Day _____ Weather _____

Day Plans _____

Top (s) _____

Bottom _____

Shoes _____

Accessories _____

Night Plans _____

Top (s) _____

Bottom _____

Shoes _____

Accessories _____


Day _____ Weather _____

Day Plans _____

Top (s) _____

Bottom _____

Shoes _____

Accessories _____

Night Plans _____

Top (s) _____

Bottom _____

Shoes _____

Accessories _____


Day _____ Weather _____

Day Plans _____

Top (s) _____

Bottom _____

Shoes _____

Accessories _____

Night Plans _____

Top (s) _____

Bottom _____

Shoes _____

Accessories _____


Day _____ Weather _____

Day Plans _____

Top (s) _____

Bottom _____

Shoes _____

Accessories _____

Night Plans _____

Top (s) _____

Bottom _____

Shoes _____

Accessories _____

# Outfit Planner

Day _____ Weather _____

Day Plans _____

Top (s) _____

Bottom _____

Shoes _____

Accessories _____

Night Plans _____

Top (s) _____

Bottom _____

Shoes _____

Accessories _____

Day _____ Weather _____

Day Plans _____

Top (s) _____

Bottom _____

Shoes _____

Accessories _____

Night Plans _____

Top (s) _____

Bottom _____

Shoes _____

Accessories _____

Day _____ Weather _____

Day Plans _____

Top (s) _____

Bottom _____

Shoes _____

Accessories _____

Night Plans _____

Top (s) _____

Bottom _____

Shoes _____

Accessories _____

Day _____ Weather _____

Day Plans _____

Top (s) _____

Bottom _____

Shoes _____

Accessories _____

Night Plans _____

Top (s) _____

Bottom _____

Shoes _____

Accessories _____

# Outfit Planner

Day _____ Weather _____

Day Plans _____

Top(s) _____

Bottom _____

Shoes _____

Accessories _____

Night Plans _____

Top(s) _____

Bottom _____

Shoes _____

Accessories _____

---

Day _____ Weather _____

Day Plans _____

Top(s) _____

Bottom _____

Shoes _____

Accessories _____

Night Plans _____

Top(s) _____

Bottom _____

Shoes _____

Accessories _____

---

Day _____ Weather _____

Day Plans _____

Top(s) _____

Bottom _____

Shoes _____

Accessories _____

Night Plans _____

Top(s) _____

Bottom _____

Shoes _____

Accessories _____

---

Day _____ Weather _____

Day Plans _____

Top(s) _____

Bottom _____

Shoes _____

Accessories _____

Night Plans _____

Top(s) _____

Bottom _____

Shoes _____

Accessories _____

# Outfit Planner

Day _____ Weather _____
Day Plans _____
Top(s) _____
Bottom _____
Shoes _____
Accessories _____
Night Plans _____
Top(s) _____
Bottom _____
Shoes _____
Accessories _____

Day _____ Weather _____
Day Plans _____
Top(s) _____
Bottom _____
Shoes _____
Accessories _____
Night Plans _____
Top(s) _____
Bottom _____
Shoes _____
Accessories _____

Day _____ Weather _____
Day Plans _____
Top(s) _____
Bottom _____
Shoes _____
Accessories _____
Night Plans _____
Top(s) _____
Bottom _____
Shoes _____
Accessories _____

Day _____ Weather _____
Day Plans _____
Top(s) _____
Bottom _____
Shoes _____
Accessories _____
Night Plans _____
Top(s) _____
Bottom _____
Shoes _____
Accessories _____

# Outfit Planner

Day _____ Weather _____

Day Plans _____

Top(s) _____

Bottom _____

Shoes _____

Accessories _____

Night Plans _____

Top(s) _____

Bottom _____

Shoes _____

Accessories _____

---

Day _____ Weather _____

Day Plans _____

Top(s) _____

Bottom _____

Shoes _____

Accessories _____

Night Plans _____

Top(s) _____

Bottom _____

Shoes _____

Accessories _____

---

Day _____ Weather _____

Day Plans _____

Top(s) _____

Bottom _____

Shoes _____

Accessories _____

Night Plans _____

Top(s) _____

Bottom _____

Shoes _____

Accessories _____

---

Day _____ Weather _____

Day Plans _____

Top(s) _____

Bottom _____

Shoes _____

Accessories _____

Night Plans _____

Top(s) _____

Bottom _____

Shoes _____

Accessories _____

# Outfit Planner

Day _____ Weather _____
Day Plans _____
Top(s) _____
Bottom _____
Shoes _____
Accessories _____
Night Plans _____
Top(s) _____
Bottom _____
Shoes _____
Accessories _____

Day _____ Weather _____
Day Plans _____
Top(s) _____
Bottom _____
Shoes _____
Accessories _____
Night Plans _____
Top(s) _____
Bottom _____
Shoes _____
Accessories _____

Day _____ Weather _____
Day Plans _____
Top(s) _____
Bottom _____
Shoes _____
Accessories _____
Night Plans _____
Top(s) _____
Bottom _____
Shoes _____
Accessories _____

Day _____ Weather _____
Day Plans _____
Top(s) _____
Bottom _____
Shoes _____
Accessories _____
Night Plans _____
Top(s) _____
Bottom _____
Shoes _____
Accessories _____

# Outfit Planner

Day _____ Weather _____

Day Plans _____

Top(s)_____

Bottom _____

Shoes _____

Accessories_____

Night Plans_____

Top(s) _____

Bottom _____

Shoes _____

Accessories _____


Day _____ Weather _____

Day Plans _____

Top(s)_____

Bottom _____

Shoes _____

Accessories_____

Night Plans_____

Top(s) _____

Bottom _____

Shoes _____

Accessories _____


Day _____ Weather _____

Day Plans _____

Top(s)_____

Bottom _____

Shoes _____

Accessories_____

Night Plans_____

Top(s) _____

Bottom _____

Shoes _____

Accessories _____


Day _____ Weather _____

Day Plans _____

Top(s)_____

Bottom _____

Shoes _____

Accessories_____

Night Plans_____

Top(s) _____

Bottom _____

Shoes _____

Accessories _____

# Outfit Planner

| | |
|---|---|
| Day _____ Weather _____ | Day _____ Weather _____ |
| Day Plans _____ | Day Plans _____ |
| Top(s) _____ | Top(s) _____ |
| Bottom _____ | Bottom _____ |
| Shoes _____ | Shoes _____ |
| Accessories _____ | Accessories _____ |
| Night Plans _____ | Night Plans _____ |
| Top(s) _____ | Top(s) _____ |
| Bottom _____ | Bottom _____ |
| Shoes _____ | Shoes _____ |
| Accessories _____ | Accessories _____ |
| Day _____ Weather _____ | Day _____ Weather _____ |
| Day Plans _____ | Day Plans _____ |
| Top(s) _____ | Top(s) _____ |
| Bottom _____ | Bottom _____ |
| Shoes _____ | Shoes _____ |
| Accessories _____ | Accessories _____ |
| Night Plans _____ | Night Plans _____ |
| Top(s) _____ | Top(s) _____ |
| Bottom _____ | Bottom _____ |
| Shoes _____ | Shoes _____ |
| Accessories _____ | Accessories _____ |

# Outfit Planner

Day _____ Weather _____

Day Plans _____

Top(s) _____

Bottom _____

Shoes _____

Accessories _____

Night Plans _____

Top(s) _____

Bottom _____

Shoes _____

Accessories _____


Day _____ Weather _____

Day Plans _____

Top(s) _____

Bottom _____

Shoes _____

Accessories _____

Night Plans _____

Top(s) _____

Bottom _____

Shoes _____

Accessories _____


Day _____ Weather _____

Day Plans _____

Top(s) _____

Bottom _____

Shoes _____

Accessories _____

Night Plans _____

Top(s) _____

Bottom _____

Shoes _____

Accessories _____


Day _____ Weather _____

Day Plans _____

Top(s) _____

Bottom _____

Shoes _____

Accessories _____

Night Plans _____

Top(s) _____

Bottom _____

Shoes _____

Accessories _____

# Outfit Planner

Day _____ Weather _____
Day Plans _____
Top(s) _____
Bottom _____
Shoes _____
Accessories _____
Night Plans _____
Top(s) _____
Bottom _____
Shoes _____
Accessories _____

Day _____ Weather _____
Day Plans _____
Top(s) _____
Bottom _____
Shoes _____
Accessories _____
Night Plans _____
Top(s) _____
Bottom _____
Shoes _____
Accessories _____

Day _____ Weather _____
Day Plans _____
Top(s) _____
Bottom _____
Shoes _____
Accessories _____
Night Plans _____
Top(s) _____
Bottom _____
Shoes _____
Accessories _____

Day _____ Weather _____
Day Plans _____
Top(s) _____
Bottom _____
Shoes _____
Accessories _____
Night Plans _____
Top(s) _____
Bottom _____
Shoes _____
Accessories _____

# Outfit Planner

Day _____ Weather _____

Day Plans _____

Top(s) _____

Bottom _____

Shoes _____

Accessories _____

Night Plans _____

Top(s) _____

Bottom _____

Shoes _____

Accessories _____

Day _____ Weather _____

Day Plans _____

Top(s) _____

Bottom _____

Shoes _____

Accessories _____

Night Plans _____

Top(s) _____

Bottom _____

Shoes _____

Accessories _____

Day _____ Weather _____

Day Plans _____

Top(s) _____

Bottom _____

Shoes _____

Accessories _____

Night Plans _____

Top(s) _____

Bottom _____

Shoes _____

Accessories _____

Day _____ Weather _____

Day Plans _____

Top(s) _____

Bottom _____

Shoes _____

Accessories _____

Night Plans _____

Top(s) _____

Bottom _____

Shoes _____

Accessories _____

# Outfit Planner

Day _____ Weather _____

Day Plans _____

Top(s) _____

Bottom _____

Shoes _____

Accessories _____

Night Plans _____

Top(s) _____

Bottom _____

Shoes _____

Accessories _____


Day _____ Weather _____

Day Plans _____

Top(s) _____

Bottom _____

Shoes _____

Accessories _____

Night Plans _____

Top(s) _____

Bottom _____

Shoes _____

Accessories _____


Day _____ Weather _____

Day Plans _____

Top(s) _____

Bottom _____

Shoes _____

Accessories _____

Night Plans _____

Top(s) _____

Bottom _____

Shoes _____

Accessories _____


Day _____ Weather _____

Day Plans _____

Top(s) _____

Bottom _____

Shoes _____

Accessories _____

Night Plans _____

Top(s) _____

Bottom _____

Shoes _____

Accessories _____

# Outfit Planner

Day _____ Weather_____

Day Plans _____

Top (s)_____

Bottom _____

Shoes _____

Accessories_____

Night Plans_____

Top (s) _____

Bottom _____

Shoes _____

Accessories _____


Day _____ Weather_____

Day Plans _____

Top (s)_____

Bottom _____

Shoes _____

Accessories_____

Night Plans_____

Top (s) _____

Bottom _____

Shoes _____

Accessories _____


Day _____ Weather_____

Day Plans _____

Top (s)_____

Bottom _____

Shoes _____

Accessories_____

Night Plans_____

Top (s) _____

Bottom _____

Shoes _____

Accessories _____


Day _____ Weather_____

Day Plans _____

Top (s)_____

Bottom _____

Shoes _____

Accessories_____

Night Plans_____

Top (s) _____

Bottom _____

Shoes _____

Accessories _____

# Outfit Planner

Day _____ Weather _____

Day Plans _____

Top(s) _____

Bottom _____

Shoes _____

Accessories _____

Night Plans _____

Top(s) _____

Bottom _____

Shoes _____

Accessories _____

---

Day _____ Weather _____

Day Plans _____

Top(s) _____

Bottom _____

Shoes _____

Accessories _____

Night Plans _____

Top(s) _____

Bottom _____

Shoes _____

Accessories _____

---

Day _____ Weather _____

Day Plans _____

Top(s) _____

Bottom _____

Shoes _____

Accessories _____

Night Plans _____

Top(s) _____

Bottom _____

Shoes _____

Accessories _____

---

Day _____ Weather _____

Day Plans _____

Top(s) _____

Bottom _____

Shoes _____

Accessories _____

Night Plans _____

Top(s) _____

Bottom _____

Shoes _____

Accessories _____

# Outfit Planner

Day _____ Weather _____

Day Plans _____

Top (s) _____

Bottom _____

Shoes _____

Accessories _____

Night Plans _____

Top (s) _____

Bottom _____

Shoes _____

Accessories _____


Day _____ Weather _____

Day Plans _____

Top (s) _____

Bottom _____

Shoes _____

Accessories _____

Night Plans _____

Top (s) _____

Bottom _____

Shoes _____

Accessories _____


Day _____ Weather _____

Day Plans _____

Top (s) _____

Bottom _____

Shoes _____

Accessories _____

Night Plans _____

Top (s) _____

Bottom _____

Shoes _____

Accessories _____


Day _____ Weather _____

Day Plans _____

Top (s) _____

Bottom _____

Shoes _____

Accessories _____

Night Plans _____

Top (s) _____

Bottom _____

Shoes _____

Accessories _____

# Outfit Planner

Day _____ Weather _____

Day Plans _____

Top(s)_____

Bottom _____

Shoes _____

Accessories_____

Night Plans_____

Top(s) _____

Bottom _____

Shoes _____

Accessories _____

Day _____ Weather _____

Day Plans _____

Top(s)_____

Bottom _____

Shoes _____

Accessories_____

Night Plans_____

Top(s) _____

Bottom _____

Shoes _____

Accessories _____

Day _____ Weather _____

Day Plans _____

Top(s)_____

Bottom _____

Shoes _____

Accessories_____

Night Plans_____

Top(s) _____

Bottom _____

Shoes _____

Accessories _____

Day _____ Weather _____

Day Plans _____

Top(s)_____

Bottom _____

Shoes _____

Accessories_____

Night Plans_____

Top(s) _____

Bottom _____

Shoes _____

Accessories _____

# Outfit Planner

Day _____ Weather_____

Day Plans _____

Top(s)_____

Bottom _____

Shoes _____

Accessories_____

Night Plans_____

Top(s) _____

Bottom _____

Shoes _____

Accessories _____

---

Day _____ Weather_____

Day Plans _____

Top(s)_____

Bottom _____

Shoes _____

Accessories_____

Night Plans_____

Top(s) _____

Bottom _____

Shoes _____

Accessories _____

---

Day _____ Weather_____

Day Plans _____

Top(s)_____

Bottom _____

Shoes _____

Accessories_____

Night Plans_____

Top(s) _____

Bottom _____

Shoes _____

Accessories _____

---

Day _____ Weather_____

Day Plans _____

Top(s)_____

Bottom _____

Shoes _____

Accessories_____

Night Plans_____

Top(s) _____

Bottom _____

Shoes _____

Accessories _____

# Outfit Planner

Day _____ Weather _____

Day Plans _____

Top(s) _____

Bottom _____

Shoes _____

Accessories _____

Night Plans _____

Top(s) _____

Bottom _____

Shoes _____

Accessories _____

Day _____ Weather _____

Day Plans _____

Top(s) _____

Bottom _____

Shoes _____

Accessories _____

Night Plans _____

Top(s) _____

Bottom _____

Shoes _____

Accessories _____

Day _____ Weather _____

Day Plans _____

Top(s) _____

Bottom _____

Shoes _____

Accessories _____

Night Plans _____

Top(s) _____

Bottom _____

Shoes _____

Accessories _____

Day _____ Weather _____

Day Plans _____

Top(s) _____

Bottom _____

Shoes _____

Accessories _____

Night Plans _____

Top(s) _____

Bottom _____

Shoes _____

Accessories _____

# Outfit Planner

Day _____ Weather _____

Day Plans _____

Top(s) _____

Bottom _____

Shoes _____

Accessories _____

Night Plans _____

Top(s) _____

Bottom _____

Shoes _____

Accessories _____

Day _____ Weather _____

Day Plans _____

Top(s) _____

Bottom _____

Shoes _____

Accessories _____

Night Plans _____

Top(s) _____

Bottom _____

Shoes _____

Accessories _____

Day _____ Weather _____

Day Plans _____

Top(s) _____

Bottom _____

Shoes _____

Accessories _____

Night Plans _____

Top(s) _____

Bottom _____

Shoes _____

Accessories _____

Day _____ Weather _____

Day Plans _____

Top(s) _____

Bottom _____

Shoes _____

Accessories _____

Night Plans _____

Top(s) _____

Bottom _____

Shoes _____

Accessories _____

# Outfit Planner

Day _____ Weather _____

Day Plans _____

Top (s) _____

Bottom _____

Shoes _____

Accessories _____

Night Plans _____

Top (s) _____

Bottom _____

Shoes _____

Accessories _____

---

Day _____ Weather _____

Day Plans _____

Top (s) _____

Bottom _____

Shoes _____

Accessories _____

Night Plans _____

Top (s) _____

Bottom _____

Shoes _____

Accessories _____

---

Day _____ Weather _____

Day Plans _____

Top (s) _____

Bottom _____

Shoes _____

Accessories _____

Night Plans _____

Top (s) _____

Bottom _____

Shoes _____

Accessories _____

---

Day _____ Weather _____

Day Plans _____

Top (s) _____

Bottom _____

Shoes _____

Accessories _____

Night Plans _____

Top (s) _____

Bottom _____

Shoes _____

Accessories _____

# Outfit Planner

Day _____ Weather_____

Day Plans _____

Top(s)_____

Bottom _____

Shoes _____

Accessories_____

Night Plans_____

Top(s) _____

Bottom _____

Shoes _____

Accessories _____

Day _____ Weather_____

Day Plans _____

Top(s)_____

Bottom _____

Shoes _____

Accessories_____

Night Plans_____

Top(s) _____

Bottom _____

Shoes _____

Accessories _____

Day _____ Weather_____

Day Plans _____

Top(s)_____

Bottom _____

Shoes _____

Accessories_____

Night Plans_____

Top(s) _____

Bottom _____

Shoes _____

Accessories _____

Day _____ Weather_____

Day Plans _____

Top(s)_____

Bottom _____

Shoes _____

Accessories_____

Night Plans_____

Top(s) _____

Bottom _____

Shoes _____

Accessories _____

# Outfit Planner

Day _____ Weather _____

Day Plans _____

Top(s) _____

Bottom _____

Shoes _____

Accessories _____

Night Plans _____

Top(s) _____

Bottom _____

Shoes _____

Accessories _____


Day _____ Weather _____

Day Plans _____

Top(s) _____

Bottom _____

Shoes _____

Accessories _____

Night Plans _____

Top(s) _____

Bottom _____

Shoes _____

Accessories _____


Day _____ Weather _____

Day Plans _____

Top(s) _____

Bottom _____

Shoes _____

Accessories _____

Night Plans _____

Top(s) _____

Bottom _____

Shoes _____

Accessories _____


Day _____ Weather _____

Day Plans _____

Top(s) _____

Bottom _____

Shoes _____

Accessories _____

Night Plans _____

Top(s) _____

Bottom _____

Shoes _____

Accessories _____

# Outfit Planner

Day _____ Weather _____

Day Plans _____

Top(s) _____

Bottom _____

Shoes _____

Accessories _____

Night Plans _____

Top(s) _____

Bottom _____

Shoes _____

Accessories _____

Day _____ Weather _____

Day Plans _____

Top(s) _____

Bottom _____

Shoes _____

Accessories _____

Night Plans _____

Top(s) _____

Bottom _____

Shoes _____

Accessories _____

Day _____ Weather _____

Day Plans _____

Top(s) _____

Bottom _____

Shoes _____

Accessories _____

Night Plans _____

Top(s) _____

Bottom _____

Shoes _____

Accessories _____

Day _____ Weather _____

Day Plans _____

Top(s) _____

Bottom _____

Shoes _____

Accessories _____

Night Plans _____

Top(s) _____

Bottom _____

Shoes _____

Accessories _____

# Outfit Planner

Day _____ Weather _____

Day Plans _____

Top(s) _____

Bottom _____

Shoes _____

Accessories _____

Night Plans _____

Top(s) _____

Bottom _____

Shoes _____

Accessories _____

---

Day _____ Weather _____

Day Plans _____

Top(s) _____

Bottom _____

Shoes _____

Accessories _____

Night Plans _____

Top(s) _____

Bottom _____

Shoes _____

Accessories _____

---

Day _____ Weather _____

Day Plans _____

Top(s) _____

Bottom _____

Shoes _____

Accessories _____

Night Plans _____

Top(s) _____

Bottom _____

Shoes _____

Accessories _____

---

Day _____ Weather _____

Day Plans _____

Top(s) _____

Bottom _____

Shoes _____

Accessories _____

Night Plans _____

Top(s) _____

Bottom _____

Shoes _____

Accessories _____

# Outfit Planner

Day _____ Weather _____

Day Plans _____

Top(s) _____

Bottom _____

Shoes _____

Accessories _____

Night Plans _____

Top(s) _____

Bottom _____

Shoes _____

Accessories _____


Day _____ Weather _____

Day Plans _____

Top(s) _____

Bottom _____

Shoes _____

Accessories _____

Night Plans _____

Top(s) _____

Bottom _____

Shoes _____

Accessories _____


Day _____ Weather _____

Day Plans _____

Top(s) _____

Bottom _____

Shoes _____

Accessories _____

Night Plans _____

Top(s) _____

Bottom _____

Shoes _____

Accessories _____


Day _____ Weather _____

Day Plans _____

Top(s) _____

Bottom _____

Shoes _____

Accessories _____

Night Plans _____

Top(s) _____

Bottom _____

Shoes _____

Accessories _____

# Outfit Planner

Day _____ Weather _____

Day Plans _____

Top(s) _____

Bottom _____

Shoes _____

Accessories _____

Night Plans _____

Top(s) _____

Bottom _____

Shoes _____

Accessories _____

---

Day _____ Weather _____

Day Plans _____

Top(s) _____

Bottom _____

Shoes _____

Accessories _____

Night Plans _____

Top(s) _____

Bottom _____

Shoes _____

Accessories _____

---

Day _____ Weather _____

Day Plans _____

Top(s) _____

Bottom _____

Shoes _____

Accessories _____

Night Plans _____

Top(s) _____

Bottom _____

Shoes _____

Accessories _____

---

Day _____ Weather _____

Day Plans _____

Top(s) _____

Bottom _____

Shoes _____

Accessories _____

Night Plans _____

Top(s) _____

Bottom _____

Shoes _____

Accessories _____

# Outfit Planner

Day _____ Weather _____

Day Plans _____

Top (s) _____

Bottom _____

Shoes _____

Accessories _____

Night Plans _____

Top (s) _____

Bottom _____

Shoes _____

Accessories _____

---

Day _____ Weather _____

Day Plans _____

Top (s) _____

Bottom _____

Shoes _____

Accessories _____

Night Plans _____

Top (s) _____

Bottom _____

Shoes _____

Accessories _____

---

Day _____ Weather _____

Day Plans _____

Top (s) _____

Bottom _____

Shoes _____

Accessories _____

Night Plans _____

Top (s) _____

Bottom _____

Shoes _____

Accessories _____

---

Day _____ Weather _____

Day Plans _____

Top (s) _____

Bottom _____

Shoes _____

Accessories _____

Night Plans _____

Top (s) _____

Bottom _____

Shoes _____

Accessories _____

# Outfit Planner

Day _____ Weather _____

Day Plans _____

Top(s) _____

Bottom _____

Shoes _____

Accessories _____

Night Plans _____

Top(s) _____

Bottom _____

Shoes _____

Accessories _____


Day _____ Weather _____

Day Plans _____

Top(s) _____

Bottom _____

Shoes _____

Accessories _____

Night Plans _____

Top(s) _____

Bottom _____

Shoes _____

Accessories _____


Day _____ Weather _____

Day Plans _____

Top(s) _____

Bottom _____

Shoes _____

Accessories _____

Night Plans _____

Top(s) _____

Bottom _____

Shoes _____

Accessories _____


Day _____ Weather _____

Day Plans _____

Top(s) _____

Bottom _____

Shoes _____

Accessories _____

Night Plans _____

Top(s) _____

Bottom _____

Shoes _____

Accessories _____

# Outfit Planner

Day _____ Weather _____

Day Plans _____

Top(s) _____

Bottom _____

Shoes _____

Accessories _____

Night Plans _____

Top(s) _____

Bottom _____

Shoes _____

Accessories _____

---

Day _____ Weather _____

Day Plans _____

Top(s) _____

Bottom _____

Shoes _____

Accessories _____

Night Plans _____

Top(s) _____

Bottom _____

Shoes _____

Accessories _____

---

Day _____ Weather _____

Day Plans _____

Top(s) _____

Bottom _____

Shoes _____

Accessories _____

Night Plans _____

Top(s) _____

Bottom _____

Shoes _____

Accessories _____

---

Day _____ Weather _____

Day Plans _____

Top(s) _____

Bottom _____

Shoes _____

Accessories _____

Night Plans _____

Top(s) _____

Bottom _____

Shoes _____

Accessories _____

# Outfit Planner

Day _____ Weather _____

Day Plans _____

Top(s) _____

Bottom _____

Shoes _____

Accessories _____

Night Plans _____

Top(s) _____

Bottom _____

Shoes _____

Accessories _____

Day _____ Weather _____

Day Plans _____

Top(s) _____

Bottom _____

Shoes _____

Accessories _____

Night Plans _____

Top(s) _____

Bottom _____

Shoes _____

Accessories _____

Day _____ Weather _____

Day Plans _____

Top(s) _____

Bottom _____

Shoes _____

Accessories _____

Night Plans _____

Top(s) _____

Bottom _____

Shoes _____

Accessories _____

Day _____ Weather _____

Day Plans _____

Top(s) _____

Bottom _____

Shoes _____

Accessories _____

Night Plans _____

Top(s) _____

Bottom _____

Shoes _____

Accessories _____

# Outfit Planner

Day _____ Weather _____

Day Plans _____

Top(s) _____

Bottom _____

Shoes _____

Accessories _____

Night Plans _____

Top(s) _____

Bottom _____

Shoes _____

Accessories _____

Day _____ Weather _____

Day Plans _____

Top(s) _____

Bottom _____

Shoes _____

Accessories _____

Night Plans _____

Top(s) _____

Bottom _____

Shoes _____

Accessories _____

Day _____ Weather _____

Day Plans _____

Top(s) _____

Bottom _____

Shoes _____

Accessories _____

Night Plans _____

Top(s) _____

Bottom _____

Shoes _____

Accessories _____

Day _____ Weather _____

Day Plans _____

Top(s) _____

Bottom _____

Shoes _____

Accessories _____

Night Plans _____

Top(s) _____

Bottom _____

Shoes _____

Accessories _____

# Outfit Planner

Day _____ Weather _____

Day Plans _____

Top(s) _____

Bottom _____

Shoes _____

Accessories _____

Night Plans _____

Top(s) _____

Bottom _____

Shoes _____

Accessories _____

Day _____ Weather _____

Day Plans _____

Top(s) _____

Bottom _____

Shoes _____

Accessories _____

Night Plans _____

Top(s) _____

Bottom _____

Shoes _____

Accessories _____

Day _____ Weather _____

Day Plans _____

Top(s) _____

Bottom _____

Shoes _____

Accessories _____

Night Plans _____

Top(s) _____

Bottom _____

Shoes _____

Accessories _____

Day _____ Weather _____

Day Plans _____

Top(s) _____

Bottom _____

Shoes _____

Accessories _____

Night Plans _____

Top(s) _____

Bottom _____

Shoes _____

Accessories _____

# Outfit Planner

Day _____ Weather _____

Day Plans _____

Top (s) _____

Bottom _____

Shoes _____

Accessories _____

Night Plans _____

Top (s) _____

Bottom _____

Shoes _____

Accessories _____


Day _____ Weather _____

Day Plans _____

Top (s) _____

Bottom _____

Shoes _____

Accessories _____

Night Plans _____

Top (s) _____

Bottom _____

Shoes _____

Accessories _____


Day _____ Weather _____

Day Plans _____

Top (s) _____

Bottom _____

Shoes _____

Accessories _____

Night Plans _____

Top (s) _____

Bottom _____

Shoes _____

Accessories _____


Day _____ Weather _____

Day Plans _____

Top (s) _____

Bottom _____

Shoes _____

Accessories _____

Night Plans _____

Top (s) _____

Bottom _____

Shoes _____

Accessories _____

# Outfit Planner

Day _____ Weather _____

Day Plans _____

Top (s) _____

Bottom _____

Shoes _____

Accessories _____

Night Plans _____

Top (s) _____

Bottom _____

Shoes _____

Accessories _____


Day _____ Weather _____

Day Plans _____

Top (s) _____

Bottom _____

Shoes _____

Accessories _____

Night Plans _____

Top (s) _____

Bottom _____

Shoes _____

Accessories _____


Day _____ Weather _____

Day Plans _____

Top (s) _____

Bottom _____

Shoes _____

Accessories _____

Night Plans _____

Top (s) _____

Bottom _____

Shoes _____

Accessories _____


Day _____ Weather _____

Day Plans _____

Top (s) _____

Bottom _____

Shoes _____

Accessories _____

Night Plans _____

Top (s) _____

Bottom _____

Shoes _____

Accessories _____

# Outfit Planner

Day _____ Weather _____

Day Plans _____

Top(s) _____

Bottom _____

Shoes _____

Accessories _____

Night Plans _____

Top(s) _____

Bottom _____

Shoes _____

Accessories _____

Day _____ Weather _____

Day Plans _____

Top(s) _____

Bottom _____

Shoes _____

Accessories _____

Night Plans _____

Top(s) _____

Bottom _____

Shoes _____

Accessories _____

Day _____ Weather _____

Day Plans _____

Top(s) _____

Bottom _____

Shoes _____

Accessories _____

Night Plans _____

Top(s) _____

Bottom _____

Shoes _____

Accessories _____

Day _____ Weather _____

Day Plans _____

Top(s) _____

Bottom _____

Shoes _____

Accessories _____

Night Plans _____

Top(s) _____

Bottom _____

Shoes _____

Accessories _____

# Outfit Planner

Day _____ Weather _____

Day Plans _____

Top(s)_____

Bottom _____

Shoes _____

Accessories_____

Night Plans_____

Top(s) _____

Bottom _____

Shoes _____

Accessories _____

---

Day _____ Weather _____

Day Plans _____

Top(s)_____

Bottom _____

Shoes _____

Accessories_____

Night Plans_____

Top(s) _____

Bottom _____

Shoes _____

Accessories _____

---

Day _____ Weather _____

Day Plans _____

Top(s)_____

Bottom _____

Shoes _____

Accessories_____

Night Plans_____

Top(s) _____

Bottom _____

Shoes _____

Accessories _____

---

Day _____ Weather _____

Day Plans _____

Top(s)_____

Bottom _____

Shoes _____

Accessories_____

Night Plans_____

Top(s) _____

Bottom _____

Shoes _____

Accessories _____

# Outfit Planner

Day _____ Weather _____

Day Plans _____

Top(s) _____

Bottom _____

Shoes _____

Accessories _____

Night Plans _____

Top(s) _____

Bottom _____

Shoes _____

Accessories _____

Day _____ Weather _____

Day Plans _____

Top(s) _____

Bottom _____

Shoes _____

Accessories _____

Night Plans _____

Top(s) _____

Bottom _____

Shoes _____

Accessories _____

Day _____ Weather _____

Day Plans _____

Top(s) _____

Bottom _____

Shoes _____

Accessories _____

Night Plans _____

Top(s) _____

Bottom _____

Shoes _____

Accessories _____

Day _____ Weather _____

Day Plans _____

Top(s) _____

Bottom _____

Shoes _____

Accessories _____

Night Plans _____

Top(s) _____

Bottom _____

Shoes _____

Accessories _____

# Outfit Planner

Day _____ Weather _____

Day Plans _____

Top(s) _____

Bottom _____

Shoes _____

Accessories _____

Night Plans _____

Top(s) _____

Bottom _____

Shoes _____

Accessories _____

Day _____ Weather _____

Day Plans _____

Top(s) _____

Bottom _____

Shoes _____

Accessories _____

Night Plans _____

Top(s) _____

Bottom _____

Shoes _____

Accessories _____

Day _____ Weather _____

Day Plans _____

Top(s) _____

Bottom _____

Shoes _____

Accessories _____

Night Plans _____

Top(s) _____

Bottom _____

Shoes _____

Accessories _____

Day _____ Weather _____

Day Plans _____

Top(s) _____

Bottom _____

Shoes _____

Accessories _____

Night Plans _____

Top(s) _____

Bottom _____

Shoes _____

Accessories _____

# Outfit Planner

Day _____ Weather _____

Day Plans _____

Top(s) _____

Bottom _____

Shoes _____

Accessories _____

Night Plans _____

Top(s) _____

Bottom _____

Shoes _____

Accessories _____


Day _____ Weather _____

Day Plans _____

Top(s) _____

Bottom _____

Shoes _____

Accessories _____

Night Plans _____

Top(s) _____

Bottom _____

Shoes _____

Accessories _____


Day _____ Weather _____

Day Plans _____

Top(s) _____

Bottom _____

Shoes _____

Accessories _____

Night Plans _____

Top(s) _____

Bottom _____

Shoes _____

Accessories _____


Day _____ Weather _____

Day Plans _____

Top(s) _____

Bottom _____

Shoes _____

Accessories _____

Night Plans _____

Top(s) _____

Bottom _____

Shoes _____

Accessories _____

# Outfit Planner

Day _____ Weather _____

Day Plans _____

Top(s) _____

Bottom _____

Shoes _____

Accessories _____

Night Plans _____

Top(s) _____

Bottom _____

Shoes _____

Accessories _____

Day _____ Weather _____

Day Plans _____

Top(s) _____

Bottom _____

Shoes _____

Accessories _____

Night Plans _____

Top(s) _____

Bottom _____

Shoes _____

Accessories _____

Day _____ Weather _____

Day Plans _____

Top(s) _____

Bottom _____

Shoes _____

Accessories _____

Night Plans _____

Top(s) _____

Bottom _____

Shoes _____

Accessories _____

Day _____ Weather _____

Day Plans _____

Top(s) _____

Bottom _____

Shoes _____

Accessories _____

Night Plans _____

Top(s) _____

Bottom _____

Shoes _____

Accessories _____

www.ingramcontent.com/pod-product-compliance
Lightning Source LLC
Chambersburg PA
CBHW070358220526
45467CB00001B/424